AF223276

# Liebessplitter

Edith Zeile

# Liebessplitter

Gedichte

Bibliografische Information der Deutschen Nationalbibliothek
Die Deutsche Nationalbibliothek verzeichnet diese Publikation in der Deutschen Nationalbibliografie; detaillierte bibliografische Daten sind im Internet über http://dnb. d-nb.de abrufbar.

© 2006 Edith Zeile
Satz, Umschlagdesign, Herstellung und Verlag: Books on Demand GmbH, Norderstedt
ISBN 10: 3-8334-6459-3
ISBN 13: 978-3-8334-6459-1

# Inhalt

## Wer ist er

## Im Haus der Liebe

## Eins

## Abschied

## Sinnsuche

# Traumbilder

Ein paar Buchstaben hinter dem Glas –
Chiffren für Menschen,
Für Männer und Frauen,
Die sich vertrauen,
Als säßen sie sich gegenüber
Und schauten sich in die Augen
Und lauschten der fremden Stimme –

Doch ausgeschaltet sind ihre Sinne,
Nicht ihre Gefühle, nicht der Verstand,
Sie geben sich zaghaft die Hand
Durch das flimmernde Glas.
Werden sie sich verwechseln,
Werden sie sich verletzen,
Werden sie ihre Seelen aneinander ketten
In stummem Gespräch?

Ist es das Land der Illusion,
Das sie suchen mit heißem Herzen,
Gezeichnet von den Schmerzen
Und Wunden realer Stunden?
Ist es die Flucht in den Raum
Einer Welt, die so flüchtig ist
Wie die Bilder im Film,
Entstanden aus Licht,
Das vergeht und verweht
Wie zerrinnende Bilder im Traum?

# Internet

Hinter dem Glas liegt die Welt
Verborgen vor deinem Blick,
Und mit einem kurzen Klick
Hast du die Weichen gestellt
Für Reisen ins Fairyland,
Für Reden mit Fremden,
Für Empfangen und Senden
Von Briefen aus gläserner Hand.

Man trifft sich und spricht,
Versteht sich oft nicht,
Baut Brücken und Zeichen,
Um den zu erreichen,
Der sich hinter Masken versteckt
Und der sich fürchtet, entdeckt
Zu werden als Mensch mit Gesicht –
Drum frage ihn nicht

Nach Woher und Wohin,
Namen und Sinn
Seines Seins, es könnte ja sein,
Dass der hinter Glas auch allein
Sein möchte wie du,
Ins Leben gestellt,
Vom Leben geprellt,
Lieber dem Schein vertraut,
Als auf das Leben baut.

Noch bist du gefangen
Im Netz bunter Träume,
Im Flimmern magischer Räume,
Umgeben von leisen Stimmen,
Die im gleißenden Licht verschwimmen,
Die dir fast alles versprechen –
Und später wird alles zerbrechen
Im Licht greller Realität –
Doch dann ist es meist zu spät.

# Meine Gedanken

Meine Gedanken machen nicht Halt,
Kreisen um deine Gestalt,
Als wärst du bei mir,
Als wärest du hier.
Ich fühle dich denken,
Möcht' mich versenken
In deine Kühle,
Die tiefe Schwüle
Deiner Gedanken-Gefühle.

Wer könnte erfassen,
Wer könnte es lassen,
Herauszufinden, was sich verbirgt
Hinter den Worten, den Tränen,
Dem Wollen, dem Sehnen,
Dem unergründlichen Sein
Oder Schein menschlicher Existenz?
Können nur Dichter besingen,
Wenn sich Schicksalsfäden verschlingen,

Verdrehen, verbinden, verwirren,
Verknoten, zerreißen, verirren?
Ist es das, was der Weise Schicksal,
Was der Törichte Zufall
Nennt, was uns bindet?
Ich möchte bleiben *und* fliehen,
Nach Süden ziehen
Wie ein Vogel, der weiß,
Dass er stirbt, wenn er bleibt.

Doch du hältst mich fest,
Und ich weiß nicht warum
Du mich nicht ziehen lässt,
Wenn du nur festhalten willst,
Wenn du nie Fragen stellst,
Wenn du nur warten willst
Auf ein Wunder, das sich erfüllt
Oder nicht – ist dann die Sehnsucht gestillt,
Löst dann das Rätsel sich auf?

# Wer ist er

War es gestern,
Dass ich den Stein fand
Und ihn betrachtete,
Als wäre er du,
Als wäre sein Wesen
In ihn eingegangen?

War es heute,
Dass ich ihn in der Hand
Hielt eine Weile,
Um seine Wärme zu spüren,
Seine Kraft, seine Weisheit,
Sein Licht und sein Leid?

Wird es morgen sein,
Dass ich ihn zurücktrage
An den Ort, wo ich ihn fand,
Ohne *erkennen* zu wollen,
Ohne *erfahren* zu wollen,
Wer er ist?

## Stimmen

Als Kind hat mir der Kuckuck erzählt,
Wie lang ich noch warten müsste,
Bis ich den Einen endlich küsste,
Der mich alleine begehrt.

Später hat mir der Wind erzählt,
Dass es den Einen nicht gibt,
Dass immer ein and'rer kommt und geht
Und jeder mehr nimmt als gibt.

Im Sommer hört' ich die Nachtigall.
Tagsüber und auch in der Nacht
Schluchzte und flehte sie überall:
„Nimm dich vor der Liebe in acht!"

Und deine Stimme? Und wer bist du?
Ich höre dir lange verzaubert zu,
Als sei es ein Echo aus alter Zeit –
Und auch ein Gruß aus der Ewigkeit.

# Aufbruch

Hast du den Ruf des Kuckucks gehört?
Es klang wie damals im Mai.
Ich habe die Jahre nicht gezählt,
So schnell ging mein Leben vorbei.

Noch einmal geh' ich hinaus in die Welt.
Hab' ich immer noch etwas versäumt?
Bist du es vielleicht, der mir gefällt,
Oder hab' ich es nur geträumt?

Was lasse ich an diesem Ort zurück?
Ein Grab mit Vergissmeinnicht.
Ich sehe noch einmal dein liebes Gesicht
Und den zärtlichen Abschiedsblick.

Was wartet auf mich an dem anderen Ort?
Wird nichts so sein, wie es war?
Oder trage ich nur die Erinnerung fort
Und alles bleibt, wie es war?

Ich habe den Ruf des Kuckucks gehört
Und an dich gedacht dabei.
Er hat mir von Liebe und Tod erzählt
Im grünen Wald im Mai.

# Carpe diem

Hast du endlich erkannt,
Was nur die wissen,
Die es niemals in Worte gebannt,
Die es nur beim Küssen
Erfahren haben
Oder im Blick eines Kindes
Gesehen, im Raunen des Windes
Gehört haben …?

Hast du endlich erkannt,
Dass Glück in Tränen
Liegt und der Schmerz im Sehnen,
Dass alles entschieden wird
In der e i n e n Sekunde
Und alles entfliehen wird,
Wenn du eine Stunde
Brauchst, um dich zu entscheiden
Zwischen Lieben und Leiden.

Halte das Glück im Augenblick
Fest, und sieh niemals zurück!

# Im Hause der Liebe

Im Keller waren wir nicht,
Wir wollten nicht zu dritt sein.

Auch in der Küche hat jeder
Sein eigenes Süpplein gekocht.
Das süße hat uns geschmeckt,
Das salzige war voller Tränen.

Im Zimmer der Phantasie
Haben wir viel Zeit verbracht.
Weich war das Licht,
Und in der Luft hing der Duft
Von Jasmin und Vergissmeinnicht.

Da war eine Tür
Zum Raum der Realität.
Sie sprang auf, und wir gingen hinein.
Grell war das Licht,
Doch die Sonne schien nicht herein.
Wir sahen uns an und erkannten uns nicht,
Du warst ein Fremder für mich
Und ich ein Narr.
Und was vorher gut war,
War jetzt böse,
Und was schön war,
War die Fratze der Maya.

Das Zimmer unter dem Dach
Haben wir nicht aufgesucht,
Denn es ist schwer,
Die Treppe hinaufzusteigen.
Sie hat kein Geländer,
Und wer kein Vertrauen hat
Zu sich und dem and'ren,
Bleibt lieber dort, wo er ist.
Das Zimmer unter dem Dach
Betreten nur die,
Die nichts mehr *wollen*,
Deren Liebe Weisheit geworden ist.

# Dürfen

Ich habe dich lieb,
Doch ich darf es nicht,
Ich sollte es nicht,
Ich kann es nicht,
Ich muss es nicht,
Doch ich möchte es.
Ich würde dich gern
Liebhaben *dürfen*.

# Ich habe den Mut

Ich habe den Mut,
Dich zu lieben
Wider alle Vernunft und Moral.
Es ist nicht gut,
Sich selbst zu betrügen –
Mir bleibt keine andere Wahl.

Ich liebe dich so,
Wie die Blume der Sonne
Sich zuwendet, mehr nicht.
Es macht mich froh,
Wenn im Lichte der Sonne
Ich sehen kann dein Gesicht.

Ich liebe dich nicht
Wie ein Mensch, der sein Glück
Bei sich im Haus haben muss.
Du gehörst mir nicht,
Ich bring' dich zurück
Nach dem ersten und letzten Kuss.

Was bleibt, ist nicht viel
Und dennoch genug,
Um dankbar zu sein:
Es war Liebe, kein Spiel,
Keine Täuschung, kein Trug,
Bei dir war ich wieder daheim.

# Ich habe meine Hand

Ich habe meine Hand
In den Schlund eines Wolfs gesteckt –
Und er hat sie nicht verletzt.
Ich zog sie heraus
Und fand sie von seinen Tränen benetzt.

Ich habe mein Herz
In die Hand eines Mannes gegeben –
Und er ließ es fallen.
Ich hob es auf,
Es schlug noch und war am Leben.

Meine Seele werde ich
Einem Schmetterling geben,
Der weiß, dass das Leben
Aus Schönheit und Schmerz besteht,
Sich wandelt und niemals vergeht.

# Wie fad

Wenn ich jung wäre,
Würde ich dich verführen.
Unter den Sternen
Im warmen Gras
Würdest du lernen,
Dass Liebe und Hass
Sich nur unterscheiden im Grad.

Wie fad
Ist die Position in der Mitte,
Wenn das Pendel des Lebens
Zu schwingen vergisst
Und stehen bleibt in der Mitte.

Da ich alt bin
Und nicht mehr im Gras
Einen Mann unter den Sternen verführe,
Wirst du es sicher nie lernen.

# Sei nicht unbrüderlich

Lass mich nur
Den Kopf an deine Schulter lehnen
Wie in jenem Leben,
Da du mein Bruder warst.
Warum willst du mir mehr geben
Als einen Kindertraum?

Lass mich nicht
Aus dem Traum aufwachen,
In deinen Augen versinken,
In deinem Lächeln ertrinken.
Haben wir noch Zeit und Raum,
Um zu erwachen?

Lass mich nur
Eine Harfe sein in deinen Händen,
Und lass uns vollenden
Das Lied, das wir kennen.
Ich möchte dich Bruder nennen,
Doch du willst mein Mann sein.

# Häutung

Manchen gelingt es,
Ihr Geschlecht abzustreifen
Wie eine Schlange,
Die sich häutet,
Wenn die Zeit da ist.
Manchen gelingt es,
Geschlechtslos zu werden,
Den ander'n zu lieben
Wie Bruder und Schwester.

Nicht mehr Mann zu sein,
Nicht mehr Frau zu sein,
Nur noch zu lieben,
Ohne zu wollen –
Manchen gelingt es nicht.

# Gebet der Erde an die Sonne

Am Fuße der Unendlichkeit
Stehst du groß und still,
Während ich kreise
Und im Vorübergleiten dein Licht trinke,
Dein weißes, glühendes Licht,
Das aus rauchschwarzem Nichts
Konturen und Schatten erschafft
Und ein Konzert aus Farben.
Und ich bin trunken vor Glück,
Wenn ich dein Licht trinke,
Und bleibe stehen,
Dir zugewandt,
Und wenn das Chaos hereinbricht,
Stehen du und ich,
Zwei Fixsterne,
Im Licht.

Lass meine Liebe, Sonne,
Größer sein als das Gesetz.

# Der Regenbogen

Wenn du einen Regenbogen siehst,
Dann denk' an mich,
Die Regenbogenfrau.
Such' dir die Farbe aus,
Die deine Seele sacht
Zu einer Farbe am Himmel macht
Durch Induktion,
Durch Suggestion.

Alle Farben des Regenbogens
Schenke ich dir,
Dem Regenbogenmann.
Lass keine Farbe aus,
Denn das Haus
Des Lebens muss bunt sein,
Muss prall und rund sein
Wie ein funkelnder Bogen aus Licht.

# Und finde *mich*

Wer bist du, der mich fand
In einem Zauberland?
Ich sehe dein Gesicht
Und seh' es nicht.
Ich suche dich
Und finde *mich*.

Wer bist du, der mich bannt,
Wer hat dich ausgesandt?
Was ist der Sinn,
Was liegt darin?
Ich suche dich
Und finde *mich*.

Wer bist du, der mich schlägt
Und liebt und hasst und trägt
Seit kurzer Zeit,
Seit Ewigkeit?
Ich suche dich
Und finde *mich*.

# Sprich nicht so laut

Sprich nicht so laut,
Du könntest es zerstören,
Was zwischen uns ist,
Wie ein seidenes Tuch
Dich und mich leise umfängt
Und einhüllt in Zärtlichkeit.

Sprich es nicht aus,
Welche Namen könnten benennen,
Was namenlos ist,
Was aus anderen Sphären kommt,
Die unseren Blicken verborgen,
Und aus anderen Räumen der Zeit.

Sei leise und lausche –
Hörst du die Stimmen in deinem Inneren?
Schon jahrtausendelang reden wir,
Leben wir, lieben wir uns
Im Zauberschloss unserer Seele.

# Den meine Seele sucht

Wenn ich an dich denke,
Den meine Seele sucht,
Bin ich bei dir und du bei mir,
Bin ich bald dort und du bald hier.

Obwohl ich weder den Ort
Kenne noch deinen Namen,
Kamen wir uns auf fremden Wegen
Wie Blinde sehend entgegen,
Als hätten wir ein Rendezvous
In einem erfundenen Haus
In einer unbekannten Stadt,
Zu einer unbestimmten Zeit.

Und wir gehen aufeinander zu:
Wir können uns nicht verfehlen.
Wir kennen uns ja als Seelen:
Denn du bist ich und ich bin du.

# Ich möchte deine Augen küssen

Ich möchte deine Augen küssen
Und dich wissen lassen,
Dass du der bist,
Dessen Spuren ich in meiner Seele finde.

Dass ich dich verstehe,
Ganz ohne Worte, dass ich spüre,
Dass ich dich nie verliere,
Dass ich durch deine Augen
Hinuntersteige in den Brunnen der Zeit.
Wo wir uns fanden und wieder verloren,
Um neu geboren
Den Weg weiter zu gehen,
In den Augen des ander'n zu sehen
Die Schönheit und Pracht dieser Welt,
Die ihr Versprechen nur hält,
Wenn man beginnt zu verstehen.

Ich möchte deine Augen küssen
Und dich wissen lassen,
Dass du der bist,
Dessen Spuren ich in meiner Seele finde.

# Ich, das Meer – du, der Strand

Du bist der Strand
Und ich bin das Meer,
Und von weit her
Schlagen meine Wellen ans Land,
Brechen sich im Sand
Deiner Dünen und Klippen,
Die wie durstige Lippen
Das Wasser trinken,
Den Gischt und den Schaum.

Ich liebe den weiten Raum,
Die Energie deiner Stille,
Die in der Luft schwebt
Wie ein klares Gebet.
Und in den zerklüfteten Bergen bebt
Deine Sehnsucht nach Licht.

Ich bring' dir Geschenke,
Holz und Gestrüpp und Tang
Und Muscheln von fernen Gestaden,
Träume von deinem goldenen Sand,
Schicke die tosende Flut an den Strand,
Um wieder zurückzufließen.

Hörst du das Wasser rauschen,
Das Lied der Muscheln im Sand?
Lass uns singen und lauschen,
Ich, das Meer – du, der Strand.

# Die Zwiesel

Da stand er, der Baum,
Den ich gesehen hatte im Traum
Vor vielen Jahren,
Als wir noch Kinder waren
Und durch die Wälder liefen,
Auf Matten von Veilchen schliefen,
Unwissend, was Liebe ist.

Er hatte zwei Stämme, zwei Kronen,
Aus dichten Blättern e i n Dach
Und e i n e Wurzel,
Wie damals im Traum –
Und ich erkannte im Baum
Ein Bild für uns beide.

# Du machst mich allein

Einsam bin ich nicht, nur allein,
Zu zweit lässt sich einsamer sein,
Als ich bin, wenn ich am Fenster stehe
Und den Mond zwischen den Bergen sehe
Und sein flirrendes Licht im Fluss.

Alle sind von mir gegangen,
An denen mein Herz gehangen,
Als wär'n sie ein Teil von mir –
Wie schön war der Tag mit dir
Und die Träume der Nacht!

Nur du, du machst mich allein!
In deinen Armen möchte ich sein.
Was ich in deinen Augen gelesen,
Was ich für dich schon einmal gewesen,
Lass mich das wieder sein!

# Bernsteinaugen

Augen, groß und bernsteinfarben,
Wenn sie weinen, wenn sie lachen,
Wenn sie morgens früh erwachen,
Wenn ein Sonnenstrahl sie küsst –
O, wie wunderbar es ist,
Sie im Spiegel da zu sehen
Und durch sie hindurch zu gehen
In der Seele tiefe Stille.

War es ein geheimer Wille,
Der dich in mein Leben schickte,
Der mein Herz so sehr beglückte,
Dass ich nichts mehr sehen konnte,
Dass ich nichts mehr denken konnte
Als an dich und deine Augen,
Die zu gar nichts and'rem taugen,

Als mir immer nur zu sagen,
Dass es töricht ist zu klagen
Über Dinge, die so sind,
Über Menschen, die noch blind
Und gebeugt durchs Leben gehen –
Lass mich deine Augen sehen,
Um die Schönheit zu verstehen.

# Süße

Du meinst, Süße sei
Ein Löffel Honig auf der Zunge,
Der erste Schrei eines Kindes,
Der erste Kuss in einer Nacht,
Da man noch gar nicht weiß,
Was Liebe ist.

Süße mag das alles sein ...
Für mich ist es das nicht:
Es ist das Lächeln unter geschlossenen Augen
In deinem Gesicht.

# Ich will nicht mehr kämpfen

Ich will nicht mehr kämpfen –
Nicht mehr um dich,
Nicht mehr für mich –
Ich lerne vertrauen
Und Hütten bauen,
Eine für dich,
Eine für mich –
Da kannst du mich finden.

Ich will nicht mehr reden –
Nicht mehr über dich
Und nicht über mich –
Es geht ohne Worte.
Ich baue ein Schloss
In Gedanken für dich
Und ein and'res für mich –
Da kannst du mich finden.

Ich will nicht mehr denken –
Nicht mehr an dich,
Nicht mehr an mich.
Ich will nur noch fühlen,
Ein Spiel mit dir spielen,
Wild, zärtlich und süß
Wie damals im Paradies –
Da kannst du mich finden.

# Tele-Till

Der erste in meinem Garten
Am blühenden Frühlingshang:
Ein Schmetterling!
Als ich das Tulpenlied sang,
Wollte er nicht mehr warten.

War dem Schlaf kaum entstiegen
Und schon fast Traum geworden,
Der Schmetterling!
Flirrend sah ich ihn fliegen
Von einem zu anderen Orten.

Verzaubert sah ich ihn spielen
Mit den Tulpen und Hyazinthen.
Der Schmetterling
Ließ sich von Schönheit blenden,
Spielte mit ihren Gefühlen.

Darf ich deine Farben zählen,
Deine Flügel zärtlich berühren,
Mein Schmetterling?
Wirst du die weiße Tulpe wählen
Und zur letzten Liebe verführen?

# Tanz der Seelen (Chanson)

Deine Augen sind schön, Madeleine,
Und ich möchte sie seh'n, Madeleine,
Wenn die Sonne am Himmel steht,
Wenn der Wind über Wiesen weht,
Und ich suche hoch oben
Im Regenbogen
Das Blau deiner Augen, Madeleine.

Denn ich weiß es und sag' es dir nicht:
Uns're Seelen, die tanzen im Licht,
Seit Äonen vereint,
Seit Äonen vereint,
Denn sie lieben, sie lieben sich.

Und wir treffen uns wieder in Zeit und Raum,
Um den Apfel zu essen vom Lebensbaum,
Denn es gibt kein Zurück, Madeleine,
Denn es gibt kein Zurück.


Und dein Haar ist wie Gold, Madeleine,
Und dein Lächeln ist hold, Madeleine,
Und ich halt' dein Gesicht ins Licht,
Und ich kenne und kenn' es doch nicht,
Und ich schließe die Augen,
Die gar nicht taugen,
Das Geheimnis zu seh'n, Madeleine.

Denn du weißt es und sagst es mir nicht,
Uns're Seelen, die tanzen im Licht,
Seit Äonen vereint
Seit Äonen vereint,
Denn sie lieben, sie lieben sich.

Und wir treffen uns wieder in Raum und Zeit,
Zum Leben, zum Lieben, zum Sterben bereit.
Denn es gibt kein Zurück, Madeleine,
Denn es gibt kein Zurück.

# Immer wieder

Wir gehen auf anderen Wegen
Seit uralten Zeiten
Dem einen Ziele entgegen
In fernen Weiten –
Und manchmal begegnen wir uns.

Und du sitzt auf dem Pferde
Und ich reich' dir den Wein,
Den funkelnden roten Burgunder –
Da lädst du zum Tanze mich ein,
Und das Glas zerschellt auf der Erde.

Wir kämpfen in anderen Heeren
Mit hässlichen Waffen und leeren
Augen für fremder Leute Ideen,
Die wir gar nicht verstehen –
Und wir müssen uns sterben sehen.

Wir arbeiten schwer und studieren,
Gewinnen das Spiel und verlieren,
Sind stolze Männer und Frauen,
Lernen Mut und Vertrauen,
Zerstören, was wir erbauen.

Und nach Stunden der Freude,
Der Trauer, der Not und der Qual
Stellen wir endlich zum ersten Mal
Die Frage nach dem Sinn dieser Welt –
Und erkennen ihn beide.

Wir gehen hinauf auf die Brücke
Und treffen uns in der Mitte –
Unten der reißende Strom –,
Darüber der schimmernde Dom
Des Himmels, das Sternenzelt,

Das der Eine in Händen hält,
Der uns beide erschaffen,
Damit wir uns treffen
In der Mitte der Brücke,
Vollendete Kinder der Welt.

# Ich warte auf dich

Es wird dich geben,
Auf den ich warte
Seit vielen Leben.
Noch bist du ohne Gesicht,
Noch bist du verborgen
Im Dunkel der Nacht,
Hinter dem Schleier der Zeit
In fernen Räumen.

Du wirst von mir träumen -
Du wirst den Schleier zerreißen
Und den Weg finden zu mir.
Ich sehe dich kommen
Mit einem Gesicht, das ich kenne,
Das ich geliebt und verloren habe
Und nun in der Seele trage
Bis ans Ende der Zeit.

Ich warte auf dich –
Es wird dich geben.
Bevor wir hinübergehen,
Werd' ich dich wiedersehen,
Und du wirst mich erkennen,
Beim Namen nennen,
Und wir geh'n Hand in Hand
In das Land jenseits der Zeit.

# Eins

Hätten sich uns're Wege
Gekreuzt vor Jahren,
Als wir noch jünger waren,
Hättest du mich
Ganz sicherlich
Sehr geliebt.
Dass es dich jetzt erst gibt
In meinem Leben,
Macht die Deutung recht schwer,
Wo kommt es her,
Dass wir uns so gut verstehen?
Gab es schon einmal mehr
Als Reden, Lachen und Sehen?

Ist das Rätsel gelöst,
Wenn du meinst,
Wir wären einst
*Eins* gewesen,
Als es noch keine Geschlechter gab,
Keine Frau, keinen Mann?
Ich würde dir gern vertrauen,
Ein Seelenschloss bauen
Aus dir und mir –
Wieder *eins* werden mit dir.

# Geliebte Seele

Was ich suchte, hab' ich nie gefunden,
Und ich suchte danach Tag und Nacht,
Und mein Leben will sich gar nicht runden,
Weil mich dieses Scheitern traurig macht.

Ach, ich hätte gern den Tag gesehen,
Da ein Herz sich mit dem anderen verband,
Doch das Schicksal ließ es nicht geschehen,
Dass ich dich, geliebte Seele, fand.

# Was Liebe ist

Stumm werde ich sein,
Wenn du wissen willst,
Was Liebe ist.

Sie hat tausend Gesichter:
Wenn sich bei Mondenschein
Die Sterne spiegeln im Fluss
Und der erste zitternde Kuss
Einen Mund findet
Und zwei Seelen verbindet –
So ist das Liebe!

Lächeln werde ich,
Wenn du wissen willst,
Was Liebe ist.

Denn sie kennen nicht alle.
Manch einer geht in die Falle
Und merkt es zu spät,
Wenn die Lichter verlöschen,
Wenn es zu Ende geht
Und aus Glut Asche wird,
An der nicht einmal Hände
Gewärmt werden können.

Die Augen werde ich schließen,
Wenn du wissen willst,
Was Liebe ist.

Denn man kann sie nicht sehen,
Und wer sie verstehen will,
Wird sie niemals verstehen,
Denn sie ist nicht von dieser Welt.
Und sie herrscht, ob es dir gefällt
Oder nicht, ob du es willst
Oder nicht, ob du nur spielst
Oder nicht, ob du meinst,
Du seist der Herr über sie,
Du bist es tatsächlich nie.

Am Ende werde ich weinen,
Wenn du wissen willst,
Was Liebe ist.

Denn wer ihre Krone trägt,
Wird auch gekreuzigt werden.
Und wer ihre Süße gespürt hat,
Wird Bitterkeit kosten,
Und wer ihre Sanftheit gefühlt hat,
Wird ihren Zorn ertragen
Und ihre unerbittliche Strenge.
Und am Ende wirst du
Nicht mehr fragen, was Liebe ist,
Du wirst nur sagen: Sie *ist*.

# Unter den Sternen

Über allen Gipfeln ist Ruh' –
Nur wir sind es, ich und du,
Die die Stille stören
Mit uns'ren Gedanken,
Mit uns'ren Worten,
Die Taten gebären,
Statt Schulden zu löschen,
Statt Muster zu lösen,
Statt nach den Sternen zu greifen,
Die auf den Gipfeln so nah.

Die Sterne sind nah' –
Doch du und ich sind so fern.
Von welchem Stern bist du gekommen,
Welcher Gott hat dich erträumt?
Hab' ich den Ton falsch vernommen?
Hab' ich denn alles versäumt?
Ist das Bild schon zerronnen,
Das sich gerade aufbaut
Auf dem Bildschirm der Seele?

Still steh' ich unter den Sternen
Auf dem Gipfel des Lebens
Und suche vergebens,
Dich so zu verstehen
Wie jener, der dich erfand,
Wie jener, der mich an dich band.

# Mondfinsternis

Am Tag der Sonnenfinsternis
Fiel kein Komet vom Himmel.
Die Welt ging auch nicht unter,
Nur meine Seele verfinsterte sich.

Ich habe die Sonne weggeschickt,
Ihr Licht fällt auf andere,
Macht sie hell und warm
Und bereit zu wachsen.

So bleibt mein Mond dunkel,
Und über den Schluchten der Seele
Hängen Nebelschwaden herab
Und graue Schleier.

Am Tag der Sonnenfinsternis,
Da sich Sonne und Mond trafen,
Haben wir uns verloren,
Du, die Sonne, und ich, dein Mond.

# Lichtphasen

Gestern schien noch die Sonne,
Doch heute ist alles grau
Und dunkel in meiner Seele –
Und die Tulpen frieren.

Wo kann ich dich finden, Sonne,
Damit deine Wärme und dein Licht
Meine Seele erquicken können
Und die Tulpen aufrichten?

Kann der Mond meine Zuflucht sein,
Der mit der Hälfte des Lichts,
Manchmal mit Nichts zufrieden,
Gelernt hat zu verzichten,

Um sich aufs neue nach kurzer Zeit
Im Lichte zu baden,
Teilzuhaben an der Fülle des Seins
Und den leuchtenden Tulpen?

# Lange warst du Musik

Lange warst du Musik
In meinem Leben,
Die mich umspielte,
Die mich gefangen hielt,
Die Erinnerung weckte,
Entzücken verhieß,
Meine Seele verletzte –
Ein Leben lang.

Und am Ende zersprang
Die Saite, und der Klang
War wie ein Blatt,
Das sich löst vom Baum
Und matt hinunterfällt,
War wie ein Bild,
Dessen Farbe zerrinnt
Wie bei Bildern im Traum.

Ich denke an dich
Wie ein Kind,
Das Abschied nimmt
Von den Dingen der frühen Jahre,
Um mit leeren Händen
Aufzubrechen in fremdes Land,
Einzutreten in neue Räume –
Gib mir zum Abschied die Hand.

# Maya

Immer wieder tauche ich ein
In die Welt der Maya, der Illusion –
Wie nur konnte es sein,
Dass ich töricht den Ton
Verwechselte, den Ton
Deines Wesens anders verstand,
Als er gemeint war?

Wird es sein oder war
Die Begegnung mit dir ein Test,
Der kein Versagen zulässt,
Den zu bestehen es galt?

Ist der Ton schon verhallt,
Bevor er mein Ohr erreicht?
Ist die Farbe verglüht,
Bevor mein Auge sie sieht?
Ist alles, was dich zu dem macht,
Was du wesentlich bist,
Nur ein Traum in der Nacht,
Der schon vergessen ist,
Bevor man zögernd erwacht?

# Zersprungen

Im Anfang ist schon alles enthalten,
Im ersten Moment ist alles entschieden,
Ob raue, ob feinere Kräfte walten,
Ob es Krieg geben wird oder Frieden.

Wenn ein Kind geboren, ein Buch geschrieben,
Wenn ein Ring verloren, wenn Gedanken
Entstehen und wie Funken zerstieben,
Wenn sich Gefühle um Menschen ranken –

Sei sicher, schon in den ersten Stunden
Sind die Würfel gefallen,
Die ersten bösen Wunden geschlagen
Bei dir, bei mir und bei allen.

Betrachte die Gläser, die vor uns stehen,
Aus denen wir beide getrunken.
Kannst du die feinen Risse sehen?
Da ist unser Glück zersprungen.

# Wer warf den Stein

Wer warf den Stein in den See,
Der so ruhig war und so klar?
Wellen branden heran, wo ich steh',
Und nichts ist mehr so, wie es war.

Gäb' es ein Land ohne dich,
Wäre es dunkel und leer –
Und du suchtest mich nicht,
Und ich träumte nicht mehr
Von Dingen, die es nicht gibt,
Von Spielen, die man geliebt,
Von Liedern, die Kinder singen,
Von Siegen, die man erringen
Kann ganz ohne Krieg.

Wer warf den Stein in den See,
Der so ruhig war und so klar?
Ich schließe die Augen und seh',
Nichts ist mehr so, wie es war.

# Wenn

Wenn du nur das
Von mir verstanden hast,
Ist es wohl besser zu gehen,
Als dich wiederzusehen
Wie einen Fremden.

Wenn ich nur das,
Was dir wehtut, tat,
Ist es wohl besser zu gehen.
Wir können uns nicht verstehen.
Ein Wort treibt dich fort
Wie einen Fremden.

# Grün ist meine Seele

Grüne Fluren huschen vorbei,
Versprechen sprießendes Leben,
Verkünden wieder den kommenden Mai
Und des Sommers Fülle und Segen.

Blau hängt der Himmel über mir,
Und ich denke an dich, mein Kind,
Und ich schicke ein'n Gruß hinauf zu dir
Auf den Schwingen des Frühlingswinds.

Und ich sehe dich stehen im weißen Gewand –
Oder ist es ein blühender Baum?
Und ich suche nach deiner kleinen Hand
Vergeblich im weiten Raum.

Doch meine Seele ist voller Grün
Wie die Welt im Frühlingskleid –
Ich weiß, wir werden uns wiederseh'n,
Und der Tag ist gar nicht mehr weit.

# Narzissen

Narzissen, weiße und gelbe am Hang,
Wachsen am Ufer des Flusses entlang,
Noch einmal zieht Frühling ins Land.
Warum laufe ich nicht Hand in Hand
Mit dir über die Wiesen, die nassen?
Warum kann ich es weiter nicht lassen
Zu fragen, ob du an mich denkst?

Längst haben sie mich verlassen,
Längst liegen sie unter'm Rasen,
Die ich so sehr geliebt.
Und auf ihrem Grabe stehen Narzissen
Und wiegen sich selig im Wind.
War es gestern, mein Kind,
Dass ich dich auf den Armen wiegte,
Dass ich dich so sehr liebte
Wie keinen zuvor und danach?
Warum sollte ich fragen, wonach?

# Heilung

Nur eine lange Nacht
In meinen Armen liegen
Und die Zeit betrügen –
Hast du das einmal schon gedacht?

Nur eine kurze Stunde
Deine Augen küssen
Und dein'n Mund auf meinem Munde
Spüren und vergessen,

Was einmal war oder ist,
Was einmal geschehen wird,
Wenn der Kuss zu Ende geküsst -
Weil man sich immer nur irrt …

Und doch! Diese einzige Stunde –
Ach, könnten wir darin verweilen –
Würde die alte Wunde
In uns'rer Seele heilen.

# Frühlingstode

Schon sind sie verblüht –
Gestern noch glühendes Rot,
Schwellende Formenpracht
Und betörender Duft.

Warum hast du sie nicht gepflückt
Und ins Haus getragen,
Die roten Tulpen?


Schon sind sie verblüht –
Gestern noch sprühende Lust,
Atmende Sinnlichkeit
Und berückender Reiz.

Warum hast du sie nicht gepflückt
Und ins Haus getragen,
Die jungen Mädchen?


Schon wartet ein Gast
An der Tür deines Hauses.
Ob er wohl anklopfen wird,
Ob er ins Haus stürzen wird?

Warum hast du ihn nicht erkannt
In den Tulpen und Mädchen,
Den verblühenden?

# Ein Schmetterling

Sie hatte einen Schmetterling gesehen,
So bunt und prächtig wie ein Traum,
Den man nur einmal träumt und nie vergisst.
Und was unmöglich war, war schon geschehen,
Bevor sie wusste, was in Zeit und Raum
In seine Seele eingetreten war und ist.

Sie wusste, dass er fliegen musste,
Die Blumen schmückten sich für ihn,
Bevor er diese oder jene küsste,
Hatt' er die nächste schon im Sinn,
Und ohne dass er's wirklich wusste,
Schwand seine Schönheit schnell dahin.

Sie sah die Flügel müder werden –
Ein Hauch von Staub und Überdruss
Ließ auch die Farben matter werden,
Und niemand wollte seinen Lügenkuss,
Der nur noch schal und bitter schmeckte
Und keine Lust auf Liebe weckte.

Sie hatte einen Schmetterling gesehen,
So bunt und prächtig wie ein Traum,
Den man nur einmal träumt und dann vergisst,
Weil alles eine Illusion gewesen ist
Und Spiel und Täuschung und Verrat –
Ob es ihn überhaupt gegeben hat?

# Lachen und Lügen

Wir sollten uns schämen,
Einen für den and'ren zu nehmen,
Da ist schon genug
Betrug
In der Welt.

Wenn in den Zweigen
Abends die Vögel schweigen,
Wirf das falsche Wort
Fort
In die Welt.

Wer fragt sein Gewissen,
Um sicher zu wissen,
Wer sie ist und er?
Leer
Ist die Welt.

Wir sollten uns schämen:
Unter Lachen und Tränen
Lügen wir
Hier
In der Welt.

# Das letzte Mal

Das letzte Mal hab' ich geglaubt,
Das letzte Mal hab' ich vertraut,
Nun ist auch das vorbei,
Nun geht auch das entzwei.

Es duftete nach Rosmarin
Und Hyazinthen und Jasmin.
Am Ende, ach wie schad',
War alles nur noch fad.

Es funkelte wie helles Licht,
Es dunkelte auch abends nicht,
Bis dann der Glanz verschwand
Und jeder es verstand.

# Katz und Maus

Immer nur Wunden schlagen,
Immer das Falsche sagen,
Den ander'n verletzen – warum?
Fragt der eine, der and're bleibt stumm.

Ich wollte dir Brücken bauen,
Ich schenkte dir mein Vertrauen,
Nicht ganz, doch ein wenig zu viel.
War es wirklich nichts als ein Spiel?

Was ist von der Liebe geblieben?
Wer hat sie so schnell vertrieben,
Wenn nicht der Hunger nach Macht?
Sagt die Katze zur Maus: „Hab' Acht!

Ich wollte nur mit dir spielen."
Sagt die Maus: „Hast du's vergessen?"-
„Ich wollte dich einfach nur quälen",
Sagt die Katze, „und später dann fressen."

# Du hast Recht

Du hast Recht!
Ich sehe meine Fehler,
Du bist ein Spiegel für mich:
Ich sehe meine Weisheit,
Ich sehe meine Bosheit
Und meine Verletzlichkeit.
Du bist ein Lehrer für mich
Mit wenig Barmherzigkeit,
Ohne Gespür für die Tiefe
Meiner Gefühle zu dir.

Du hast Recht!
Ich sehe meine Fehler:
Ich habe gedacht,
Dass das, was du sagtest,
Die Wahrheit war.
Ich hab' dir vertraut
Vom ersten Augenblick an.
Du warst der erste Mann,
Der in mein Leben kam
Nach dem Tod meines Kindes.

Du hast Recht.
Ich sehe meine Fehler:
Es war ein heiteres Spiel,
Und wer zu ernst ist, will
Immer zu viel.
Wer konnte schon wissen,
Wie das Ende sein würde –
So ist der Film schon gerissen,
Bevor man wusste,
Wann er begann.

# Wer bin ich denn

Wer bin ich denn neben dir,
Dessen Seele einer and'ren gehört?
Wir reden und lachen, machen
Musik auf einem Ersatzinstrument.

Wer bist du denn neben mir,
Den ich seit Jahren kenne
Und doch nicht weiß, wer er ist,
Ein Träumer, ein Weiser, ein Utopist?

Was, wenn wir, statt unsere Einsamkeit
Zu umspielen mit falschen Gefühlen,
Ehrlichkeit wählten, was wäre dann?
Rückte der Abschied unaufhaltsam heran?

Ich habe keine Angst vor dem Schmerz,
Denn wir halten das Herz
Des anderen nicht in den Händen,
Wir würden nur eine Täuschung beenden.

# Irrlichter

Ich tanze über dem Moor
Und du bist der Tor,
Der geblendet ist,
Der verzaubert ist
Von dem irisierenden Licht,
Das nicht Licht ist, nur Schein –
Lass uns Irrlichter sein!

Ich tanze über dem Moor
Voller Sehnsucht nach dir.
Du gehst zwei Schritte vor
Und ich zwei zurück,
Und verzaubert von deinem Blick
Geh ich zwei Schritte vor
Und du zwei zurück.

Ich tanze über dem Moor
Ein'n Pas de deux – wie ein Tor
Auf der Suche nach Glück -
Zwei Schritte vor und zurück.
Unter uns lauert das Moor,
Wie ein dunkles drohendes Tor -
Gibt es denn noch ein Zurück?

# Rhapsodie in Blau

Spiel mir das Lied von der Liebe,
Das blaue Lied vom Pfau,
Zeig mir den Tanz der Liebe,
Die Rhapsodie in Blau.

Soll ich den Farben verfallen?
Geblendet von deinem Licht?
Ich würde dir gern gefallen,
Doch du verstehst mich nicht.

Hör' ich das Lied von der Liebe,
Das blaue Lied vom Pfau,
Kehr' ich mich ab von der Liebe,
Bin ich nicht deine Frau.

# Tag ohne Gesicht

Zwischen Gedichten und Briefen
Taumele ich durch den Tag,
Der kein Gesicht hat,
Keine Stimme, kein Lachen.
Was soll ich mit dem Tag machen,
Der dich nicht mehr hat?

Wo kann ich dich suchen gehen,
In welchem Raum kann ich dich finden,
Zu welcher Zeit wirst du empfinden
Und wann werde ich verstehen,
Dass es nicht gut ist zu spielen
Mit Worten und mit Gefühlen?

# Dein Lächeln

Siehst du es wirklich nicht?
Ein Lächeln aus Vollmondlicht
Hängt am Himmel und macht
Aus den Wolken eine silberne Pracht.

Hinter den Schleiern der Nacht
Seh' ich dein Lächeln, so ferne
Und so hell wie die Sterne
In kosmischen Räumen.
Und ich suche in alten Träumen
Aus längst vergessenen Zeiten
Ein Echo aus fernen Weiten:
Dein Lächeln aus Vollmondlicht.

Es ist da und gehört mir doch nicht –
Ich darf es nur sehen,
Und ich will nicht verstehen,
Dass der Mond am Morgen verblasst
Und du kein Lächeln mehr für mich hast.

# Wie es damals geschah

Ich spielte ein Spiel mit dir,
Und du spieltest mit mir
Mit Gedanken, Lächeln und Worten.
Wir kannten uns schon von anderen Orten
Aus früheren Leben auf Erden,
Du warst mir fremd und vertraut.
Wie ein Kind, das Luftschlösser baut,
Wollte ich deine Geliebte werden.

Wie es damals geschah …

Bis ich schließlich erkannte und sah,
Dass ich dich loslassen muss,
Dass schon ein einziger Kuss
Das karmische Spiel unterbricht,
Dass du dieses Mal nicht
In mein Leben gehörst
Und ich nicht in deins.
Auch wenn du mich mit dem Lächeln betörst,
Gehört es nicht mir, ist nicht meins.

# Seifenblasen

In deinen Augen standen
Staunen und Entzücken,
Als sie entstanden
Und wuchsen und rund
Wurden und kunterbunt:

Kugeln aus farbigem Licht,
Das sich ölig vermischte,
Seine Konturen verwischte –
Wuchsen und wussten nicht,
Ob sie hinaufschweben würden

In eine Welt aus Licht,
Wo sie zu Hause sein würden –
Oder ob sie platzen würden
Wie eine Liebe, die zu groß
Werden wollte und daran zerbrach.

Ach, ich schaue ihnen nach
Hinter einem Vorhang aus Tränen.
Schon sind sie verschwunden,
Als hätte es nie diese Stunden
Reinen Entzückens gegeben.

# Lied der Sonnenblume

Jeden Tag kam der Schmetterling,
Ließ sich ein Weilchen nieder,
Nippte am Tau und am Nektar,
Flog davon und kam wieder,
Solange die Sonne schien.

Im Herbst, da waren die Kerne da,
Weiße Kerne in schwarzem Flor.
So viele Tage, so viele Kerne
Voll süßer Erinnerung,
Eingehüllt in den schwarzen Flor
Des Abschieds.

Schon trägt der Wind sie fort,
Und an einem anderen Ort
Wachsen hundert Sonnenblumen,
Warten hundert Sonnenblumen
Auf den dunklen Gast
Mit dem roten Band der Liebe
Und schwarzen Tupfen am Flügelsaum,
Weinen hundert Sonnenblumen
Schwarze Tränen im Traum.

# Doch heißer die Tränen

Heißer brennt die Sonne
In diesem Sommer,
Sagen die Alten,
Die die Last der Jahre
Auf dem Rücken tragen,
Die vergleichen können,
Die beurteilen können,
Die alles erfahren haben,
Was andere sagen,
Unter der heißen Sonne.

Heißer brennt die Liebe
In diesem Sommer,
Sagen die Jungen,
Die schon oft das Lied
Der Liebe gesungen
Und ebenso oft Abschied
Genommen haben.
Bevor sie verstanden haben,
Ist sie schon abhanden
Gekommen, die heiße Liebe.

Heißer brennen die Tränen
In diesem Sommer,
Sagen die, die sich sehnen
Nach ihren geliebten
Männern und Frauen und Kindern,
Die vor ihnen gingen
In Zeiten der Not,
Durch Krankheit und Tod.
Heiß sind die Sonne, die Liebe,
Doch heißer die Tränen.

# Viel zu spät

Viel zu früh
Sind die Rosen verblüht,
Die noch gestern im Garten standen
In ihrer prachtvollen Fülle,
Als wir auf Wegen uns fanden,
Wo niemand den anderen sieht,
Wo jeder den and'ren erträumt
Und es manchmal versäumt
Zu erkennen, dass in der Ferne
Nur Träume entstehen,

Die so schnell vergehen
Wie die Rosen, die roten,
Die in zitternder Sommerluft
Ihre welken und toten
Blütenblätter verlieren
Und nicht mehr verführen
Wollen mit ihrem Duft –
Es lag an der Zeit –
Warum willst du Gemeinsamkeit
Viel zu spät?

# Sah ein Knab'

Sie beugte sich über den Zaun –
Sie anzuschau'n
War wie ein Fest!
Wer an ihr vorüberging,
Verfing sich in ihrem Blick,
Kam immer wieder zurück
Zu ihrem rosa Lächeln.

Er hatte sie rufen gehört,
Und betört von ihrem Duft,
Blieb er stehen.
Süß war ihr Lächeln
Und dunkelrosa ihr Duft.
Hatte er je zuvor
So viel Schönheit gesehen?

Er beugte sich über den Zaun
Und küsste den Rosenmund,
Bis seine Lippen wund
Waren und sein Herz,
Von Dornen zerstochen, gebrochen –
Und wie eine Saite zersprang
Mit wehem Klang seine Seele.

# Herbstlich

Noch einmal sah ich ihn fliegen,
Torkelnd, taumelnd ins Licht,
Als wollt' er die Angst besiegen,
Als gäb' es das Sterben nicht.

Dies Bild wird mir von ihm bleiben,
Als wär' er eingegangen ins Nichts,
Und nichts könnt' ihn wieder vertreiben
Aus den ewigen Welten des Lichts.

Und nachts fallen leise die Blätter
Auf die trockene Erde herab,
Und das letzte Sommergewitter
Holt die reifen Früchte herab.

Leer sind die Wiesen und Felder,
Die Ernte ist unter dem Dach.
Ich geh' allein durch die Wälder
Und denk' über dich und mich nach.

# Herbstmusik

Und wieder ist es Herbst
Draußen in der Natur
Und in meinem Leben.
Und ich gehe unter den Bäumen,
Die sich mit farbigen Träumen
Schmücken, still einher.

Blätter, braun, gelb und rot
Decken Weg und Steg,
Rascheln unter den Füßen.
Und ich sehe dich durch das Laub
Laufen mit kleinen Füßen
Und in deinen Augen reines Entzücken
Über so viel Musik rings umher.

Ich weiß, dass du jetzt neben mir gehst,
Oder soll ich sagen, du schwebst,
Denn ich gehe allein durch das raschelnde Laub
Mit müden Füßen.
Lass dich, wo immer du bist,
Mit deiner Herbstmusik grüßen.

# Vor der Vollendung

Rosen im Herbst – ihre Röte ist schwer
Und durchzogen von Braun und Grau.
Sie wollen keine Bewunderung mehr,
Keinen Leistungsbeweis, keine Schau.

Rosen im Herbst sind ein letzter Schrei
Nach Vollendung – bevor das Blatt fällt.
Noch ein Kuss von der Sonne, dann sind sie frei
Für den Abschied von dieser Welt.

Rosen im Herbst – ihre Seele ist voll
Von Bildern, bitter und süß.
Das Lied vom Leben in Dur und Moll
Erklingt nun im Paradies.

# Herbstliches Laub

Auf den Straßen kein Sommerstaub,
Nur Laub, herbstliches Laub,
Und in deinen Augen
Eine erste Ahnung vom Winter
Und der weißen Leere des Schnees.

Ob die gelben Blüten des Frühlings
Deine Augen wieder leuchten lassen?

Der bunte Karneval der Orchideen
Vor meinem Fenster im warmen Zimmer –
So viel Verheißung
Und so viel Leere in einem Leben!

# Abschied im Herbst

Verglühendes Licht auf dem Fluss,
Sanft wie der Abschiedskuss
Der Sonne – und schimmernde Wellen,
Die an den Felsen des Ufers zerschellen.

War ich in einem fremden Land
Im vergangenen Jahr,
Als ich dich mühelos fand
In der wimmelnden Schar
Von Menschen im Netz?
Eine Seele hinter flimmerndem Glas,
Deren Wesen Liebkosung war.
Obwohl ich nicht wusste, was
Sie mir sagte, was nicht,
Sah ich hinter dem Glas ihr Gesicht.

Sanfte Klarheit jenseits der Zeit,
Stille Freude, verborgenes Leid
Und ein Lächeln, das niemandem gilt,
Das menschliche Sehnsucht nicht stillt,
Das alles zu wissen scheint
Und Widersprüche in sich vereint
Wie der Kuss der Sonne im Herbst –
Und ich spüre, wie in den Wellen
Meine Gefühle für dich zerschellen.

# Die Blätter fallen

Die Blätter fallen wie von weit
Ganz sacht herunter auf die Erde,
Der Winter kommt, ermahnt die Zeit
Mit trauernder Gebärde.

Der Baum erschrickt im Farbenkleid
Und will es nicht hergeben.
Es ist kein Tod, sagt ihm die Zeit,
Es ist ein Teil vom Leben.

So steh' ich still und schaue zu,
Wie alles fällt und schwindet.
Nun hast auch du, mein Herze, Ruh,
Wenn meine Liebe endet.

# Noch nicht

Noch fallen die Blätter nicht,
Sie hängen im schwachen Licht
Einer milden Sonne, welk
Und gelber als gelb.

Noch warten die Stürme stumm,
Schauen sich zögernd um
Vor den Toren der Stadt,
Die die Türen geschlossen hat.

Langsamer schlägt schon das Herz,
Als hätte ein feiner Schmerz
Seinen Rhythmus gestört,
Als hätte es eine Stimme gehört,

Die so heiß ist wie Eis,
Die so schwarz ist wie weiß,
Die so süß ist wie Salz
Und so bitter wie Malz.

Ich höre sie leise verhallen
Wie die Blätter des Herbstes, die fallen
Und fallend verwehen –
Noch mag ich sie gar nicht verstehen.

# Botschaft

Und immer noch weiß ich nicht,
Wer du bist, und verstehe nicht,
Warum es so ist,
Dass ich nachdenken muss
Über dich und mich
Und die Spuren im Sande der Zeit.

Haben wir uns noch nicht befreit
Von den Fesseln alter Vergehen?
Können wir nicht verstehen,
Dass es nichts mehr zu bereuen,
Dass es nichts mehr zu verzeihen
Gibt, dass alles getan ist?

Die Blätter fallen und fallen,
Und fallend flüstern sie allen
Die herbstliche Botschaft zu:
„Euer Spiel ist beendet,
Das Werk ist vollendet!“
Und der Vorhang geht leise zu.

# Was bleibt

Was bleibt, wenn in all den Jahren
Man alles erfahren hat,
Was ein Leben ausmacht,
Wenn der Mund, wund vom Küssen,
Verschlossen bleibt –
Bleibt immer noch Sehnsucht zurück.

Was bleibt, wenn alle gegangen,
Die deine Seele umfangen
Hat in Freude und Schmerz,
Wenn dein Herz an Tagen
Der Finsternis aufhört zu schlagen –
Bleibt immer noch Sehnsucht zurück.

# Versprechen

Einer von uns wird früher gehen –
Man mischt schon die Karten,
Und die, die vor uns gegangen,
Werden uns lächelnd empfangen,
Drum sag' ich Aufwiedersehen.

Doch du musst mir versprechen,
Dass wir uns dort treffen,
Wo wir keine Worte mehr sprechen,
Um uns zu verstehen –
Dann will ich gern vor dir gehen.

# Abschied

Geh' leise aus meinem Leben,
Damit ich nicht merke,
Dass meine Seele klagt.
Haben wir, was wir uns schuldig gewesen,
Alles getan und gesagt?

Geh' leise aus meinem Leben
Wie eine Kerze verlöscht,
Wie ein Ton verhallt im Raum,
Damit ich nicht merke,
Dass es mehr war als nur ein Traum.

Damit ich nicht merke,
Dass es ebenso wehtut
Wie einst, als ein anderer ging,
Damit ich nicht merke,
Wie sehr ich an dir hing.

# Auch ohne Worte

Dass ich deine Seele berühre
Auch ohne Worte
an einem Orte
Jenseits von Zeit und Raum,
Macht den Tag mir zum Traum.

Dass ich deine Stimme höre
Im Brunnen der Vergangenheit
Und deine Augen sehe
Auf dem Grunde der Zeit,

Dass ich deine Hand halte,
Wenn ich mit leichten Füßen
Aufbreche in fernes Land –
Macht den Abschied ganz leicht.

# Heimweh

Im Schlaf hinübergehen –
Wie ein Blatt hinüberwehen,
Das sich vom Baum des Lebens
Leise gelöst hat und fällt,
Ohne Abschied zu nehmen
Von den lauten Spielen der Welt,
Ohne sich weiter zu sehnen,
Ohne in Räumen der Phantasie
Weiter zu träumen,
Ohne Lächeln und Tränen
Vergehen, verwehen.

Wirst du mir entgegen gehen,
Mir den Weg weisen,
Den du vor mir gegangen?
Wirst du mich drüben empfangen,
Mich an die Hand nehmen,
Mit mir in das Land reisen,
Das du schon mit den Füßen
Für mich erkundet hast?
Lass mich dich grüßen!

# Wiederfinden

Nein, ich suche dich nicht
Unter den grünen Zypressen,
Und ich finde auch nicht
Dein Gesicht unter dem kalten Stein.

Ach könnte es wieder so sein
Wie damals, als wir zu zweit
Über die leeren Felder liefen
Im Septembersonnenschein!

Bilder aus der Vergangenheit
Habe ich nur noch von dir,
Die ich abtaste wie Hieroglyphen
Aus einer schöneren Zeit.

Wirst du mir entgegengehen,
Wenn ich zaghaft die Welt betrete,
In der du bist? Ich wache und bete
Und hoffe, dich wiederzusehen.

# Weiße Chrysanthemen, so weiß

Weiße Chrysanthemen, so weiß
Wie ganz junge Mädchen,
Die noch gar nicht wissen
Und doch schon ahnen,
Dass sie rot werden müssen,
Wenn der eine sie bricht,
Der ohne den Duft ihrer Weißheit
Am Leben zerbricht.

Weiße Chrysanthemen, so weiß
Wie ganz junge Frauen,
Die im Kindbett sterben
Und in gläsernen Särgen
Liegen und lächeln.
Sie haben ihr Leben
Selbstlos weitergegeben –
Mehr wollten sie nicht.

Weiße Chrysanthemen, so weiß
Wie ganz alte Frauen,
Die ihr Leben gelebt
Haben und dennoch sagen,
Ihr Hunger sei nicht gestillt.
So werden sie gehen müssen
Und wieder im Garten stehen –
Weiße Chrysanthemen, so weiß.

# Ich wär' und ich hätte

Ich wär' gern mit dir auf die Wiese gegangen
Und hätte die roten Blumen gepflückt –
Doch meine Seele war grau und verhangen,
Und kein Baum hat mir zugenickt.

Ich wär' auch gern ins Meer 'rausgeschwommen –
Hast du die Botschaft der Wellen gehört? –
Vielleicht hätte das Wasser uns zu sich genommen,
Dann wär' unser Traum nicht zerstört.

Ich hätte vor meinem Tod noch verstanden,
Was Liebe ist und was ein Mann fühlt,
Doch alles, was war, ist abhanden
Gekommen, als hätte es nie existiert.

# Ab jetzt

Ab jetzt wird jedes Wort zu spät sein
Und jedes Lächeln ganz umsonst,
Wir werden lernen zu verzeihen,
Das ist schon eine schwere Kunst.

Ab jetzt wird es dich nicht mehr geben
In meinem Tag und meinem Traum,
Und ich bin auch in deinem Leben
Ein kleiner Punkt im weiten Raum.

Ab jetzt geht alles schnell vorüber,
Und ich denk' gar nicht mehr an dich.
Die Sonne scheint im Herbst viel trüber –
Auch du denkst gar nicht mehr an mich.

Der Winter kommt, Schneeflocken fallen
Sie hüllen wärmend mich dann ein.
Nie wieder kann ich dir verfallen,
Und du kannst nie mehr Freund mir sein.

# Die auf mich warten

Leise gehe ich,
Bevor es anfängt zu schmerzen,
Aus deinem Leben,
Da es zu schwer ist,
Die Rolle zu spielen,
Die du mir im Traum zugedacht.

Leise lasse ich,
Bevor es anfängt zu schmerzen,
Die Tür ins Schloss fallen,
Die schon leicht geöffnet war.
Es sind so viele Tote
In meinem Herzen,
Da ist kein Platz mehr für dich.

Leise sage ich,
Bevor es anfängt zu schmerzen,
Danke für deine Worte,
Deine Hände und deine Liebe.
Sie erreichen mich nicht.
Denn ich bin bei denen,
Die ich liebte,
Bevor es dich gab,
Und die auf mich warten.

# Umkehr

Ich habe dich verlassen, Gott,
Auf der Suche nach einem ander'n.
Aber du gingst hinter mir her,
Und immer wenn ich stolperte,
Hieltest du mich fest,
So dass ich weitergehen konnte,
Und wenn ich hinfiel,
Gabst du mir deine Hand,
Und ich stand auf.

Ich habe ihn verlassen, Gott,
Und bin zurückgegangen zu dir,
Und du gingst vor mir
Wie ein goldener Strahl,
Der meinen Weg erhellte,
Damit ich nicht stolperte,
Damit ich nicht hinfiel –
Und am Ende fiel ich auf die Knie,
Denn DU standest vor mir!

# Heimkehr

Warum singe ich immer wieder
Die alten kindlichen Lieder,
In denen einer die Sonne ist
Oder ein Fixstern, um den ich kreise
Und mich im Schauen verliere,
Im Denken und Fühlen verirre,
Statt mich abzuwenden ganz leise
Und aufzusteigen in jene Räume,
Wo es nur noch den Einen gibt,
Von dem ich seit Urzeiten träume,
Der alle bedingungslos liebt,
Der alles trägt und erhält,
Was lebendig ist auf der Welt.

Warum singe ich immer wieder
Die alten kindlichen Lieder,
Statt heimzukehren zu dir:
Da ist mein Zuhause, nicht hier!

# Anders

Anders ist meine Welt
Und meine Zeit auch,
Und was dir gefällt,
Ist für mich Schall und Rauch.

Und der Weise in mir schaut
Mich an und sagt leise:
„Mach' dein Herz weit wie das Zelt
Des Himmels und deinen Verstand
Tiefer als alle Meere der Welt
Und deine Liebe so sanft wie ein Band,
Das niemand spürt,
Das niemand verwirrt,
Das niemand verliert,
Auch wenn er sich irrt,
Auch wenn er alles anders versteht,
Auch wenn er dich tausendmal missversteht.

Du bist ich, du bist der Weise!
Lass andere laut sein, sei leise,
Und lebe, als wäre die Zeit
Eine Pforte zur Ewigkeit."

# Du fragst mich

Du fragst mich, was Liebe ist,
In dunklen, einsamen Stunden:

Sieh jene, gequält und geschunden
Von Krankheit, Verzweiflung und Tod,
An tausend Dinge gebunden –
Fühlst du ihre Not?

Dann hast du die Antwort gefunden.


Du fragst mich, was Liebe ist,
In hellen, heiteren Stunden:

Sie, wie verzaubert sie sind,
Die sich erkennen und finden
Als Mann und als Frau
Beim Tanze unter den Linden.

Dann hast du die Antwort gefunden.


Du fragst mich, was Liebe ist,
In hellen, heiteren Stunden:

Hörst du den Sehnsuchtsgesang
In der Seele der Künstler,
Die Vollkommenheit suchen
In Form und Farbe und Klang?

Dann hast du die Antwort gefunden.


Du fragst mich, was Liebe ist,
In dunklen, einsamen Stunden:

Kannst du am Abgrund stehen
Und mit staunenden Augen sehen,
Dass der Schöpfer der Welt
In seinen Händen dich hält?

Dann hast du die Antwort gefunden.

# Illusion

Sieh die hastenden Massen,
Die durch die Straßen laufen,
Wie sie sich lieben und hassen,
Sich selber verkaufen an jeden,
Der ihnen ein bisschen Glück,
Ein bisschen Liebe verspricht.

Als ob es nur *dies* Glück gäbe,
Als ob es an anderen läge,
Ob es sich lohnte zu leben,
Ob es sich lohnte zu geben,
Was dem anderen fehlt,
Und ihm zu nehmen, was quält.

Am Ende bleibt zu erkennen,
Dass alles, was irdisch, vergeht,
Und was wir hier Liebe nennen,
Ist nur Illusion, die verweht
Und vergeht wie der Schaum
Von Wellen im Traum.

# Hingabe

Wer immer strebend sich bemüht,
Der wird es nicht erlangen,
Es sei denn, der in ihm ist, sieht
Sein Sehnen und sein Bangen.

Wer immer meint, er sei der Herr,
Sein Wort und Wille gelten,
Der missversteht, dass Macht und Ehr'
Nur einem Herren gelten.

Wer dann sein Leben einfach lebt,
Als dient' er seinem Herren,
Dem mag, wenn er sich Ihm ergibt,
Niemand den Weg versperren.

Den Weg zum Frieden und zum Licht,
Den Weg zum Ganz-Verstehen,
Den findest du alleine nicht –
Mit Ihm wirst du ihn gehen.

# Sinnspiel

Du sagst, man müsse *verstehen,*
Was des Lebens Sinn sei –
Ich will die Fülle des Lebens *sehen,*
Ob Schönheit, ob Schmerz, einerlei.

Verstehen heißt abseits stehen
Und unverwandt den Lauf
Des Lebens betrachten
Und alle Einzelheiten beachten
Und Einsamkeit in Kauf
Nehmen, ohne zu leiden,
Und Oberflächliches meiden
Und Unwichtiges übersehen.

Ich möchte das Leben *lieben*
Wie ein Kleid, dessen Farbe ich mag,
Wie ein'n Stoff, dessen weiche Kühle
Ich auf dem Körper trag'.
Ich möchte das Leben *tanzen*
Und im Tanz sein Wesen
Begreifen, erfassen, erspüren,
In tausend Gesichtern lesen,
Sich in tausend Seelen verlieren,
Sich dem Kleinen und dem Ganzen
Anvermählen in reinem Gefühl –
Leben und Lieben – mein Spiel!

# Sinnsuche

Wenn ich des Nachts
Die unermessliche Größe des Himmels
Mit offenen Armen messe
Und vergesse,
Dass unsere kleinen pochenden Herzen
Mitspieler sind im kosmischen Traum
Wie die Pflanze, der Baum,
Wie der Wurm in der Erde –
Suche ich noch nach dem Sinn.

Wenn ich des Morgens
Die sonnenvergoldete Weite des Himmels
Mit offenen Augen erkenne
Und meine geschärften Sinne
Und mein Verstand mir erklären,
Dass wir Menschenzellen
Nicht dazu da sind,
Um zu zerschellen
An den Klippen des Seins,
Dass wir es sind, die den Kosmos
Zur letzten Vollkommenheit führen –
Such' ich nicht mehr nach dem Sinn.

# Wer will

Wer *gar nichts* will,
Lebt in Frieden.
Seine Seele ist still,
Ohne Furcht und zufrieden.

Wer *vieles* will,
Wer mit großen Augen
Die Welt in sich aufnehmen
Will, ist wie ein Kind,
Das in blindem Sehnen
Seine Seele versehrt,
Und am Ende doch dasteht
Mit leeren Händen.

Wer *alles* will,
Wird mit heißer Seele nach Fülle suchen,
Nach dem Stein der Weisen,
Der ihm alles schenken soll,
Was er begehrt –
Er wird über Steine stolpern
Und zu Boden stürzen.
Er wird an Quellen verdursten
Und in Oasen verhungern.
Er wird den Weg verfehlen,
Und tausend Wünsche werden ihn quälen –
Sein Maß ist zu groß für die Welt!

Und am Ende erhält er
So viel wie der,
Der *gar nichts* will.
Seine Seele ist still.
Er lebt in Frieden,
Ohne Furcht und zufrieden.

# Chymische Hochzeit

In dir, Gott, den Geliebten sehen,
Dem man sich anverwandeln möchte,
Das ist der Wunsch, der mich beseelt.
Den Weg mit einem Menschen gehen,
Der einen nur besitzen möchte –
Das ist die Sorge, die mich quält.

Wer sich der Sehnsucht hingegeben,
Zu wachsen zur Vollkommenheit,
Wird nur noch einen Menschen lieben
Können, der ihm überlegen,
Noch eingehüllt in Raum und Zeit,
Noch hier zu Hause und nicht drüben.

Doch – sich dem Geiste zu vermählen,
Ist mehr als Mayas schnöder Traum
Von Sinneslust und wilden Trieben.
Es ist die Hochzeit uns'rer Seelen,
Es ist mein letzter Lebenstraum,
Es ist für mich wahrhaftig LIEBEN!

# Tanz, Marionette

Tanz, Marionette, komm tanz
Den Tanz deines Lebens!
Vielleicht ist es nicht vergebens,
Und am Ende verstehst du es ganz.

Trage das Kind unter'm Herzen,
Und backe dein Brot im Schweiß
Deines Angesichts – wer die Wahrheit weiß,
Erträgt alle Not, alle Schmerzen.

Denn du kannst nichts außer tanzen,
Und fremd sind dir Takt, Melodie,
Dein Part in der Choreographie
Ist ein winziger Teil des Ganzen.

Du hast dich geschmückt, Marionette,
Mit bunten Gewändern, Juwelen,
Und doch – ich kann es dir nicht verhehlen –
Bist du nur ein Glied in der Kette.

Die Fäden hält Einer in seiner Hand,
Sein Wille geschieht und nicht deiner,
Und immer steht hinter dir Einer,
Der dich auf die Bühne gesandt.

Tanz, Marionette, komm tanz!
Gib dich hin, gib dich hin, gib dich hin!
Suche nicht mehr nach des Lebens Sinn,
Sondern tanze, so gut du es kannst.

# Macht des Geistes

Wer alles wissen oder haben will
Auf dieser Welt, die sich so still
Und stetig um sich selber dreht,
Der frage sich, ob es wohl geht,
Dass aus des Geistes Stoff entsteht
Die Welt der Phänomene.

Wie in dem Bauplan uns'rer Gene
Ist in dem Geiste alles schon enthalten,
Und es bedarf nur deines Willens Macht,
Damit sich die Idee gestalten,
Damit sie sich zur Form entfalten
Kann voll Majestät und Pracht.

Du bist nicht schwach, nicht klein,
Du bist kein Sünder, kannst es niemals sein,
Du bist wie Gott der Schöpfer deiner Welt,
Die deinen Lebensplan als Keim enthält.
Und eines Tages wird es wahr,
Was einst als Traum in deiner Seele war.